●生涯学習ブックレット

人を育てる「愛のストローク」

無条件のふれあいで子どもは変わる

杉田　峰康

目次

表紙・扉デザイン――㈱長正社

一、はじめに——人は心のふれあいを求めている

ストロークとは

人は、心のふれあいを求めて生きています。

ご承知のように、赤ちゃんにはまだ言葉がありませんので、そのコミュニケーションは「触《さわ》る」「なでる」「抱っこをする」ことになります。つまり人間のコミュニケーションは、言葉ではなくスキンシップからはじまるのです。

そのスキンシップの意味をもう少し深く考えてみますと、「優しいまなざしで見つめる」「抱きしめる」「優しく触る」「声の大きさや強弱を変える」などがあります。そうしたさまざまなコミュニケーションを求めて、赤ちゃんは人間生活をスタートさせるのです。

また、お年を召《め》されて認知症《にんちしょう》などになられた方は、言葉が出にくくなりますが、その場合にも手を握ったり、背中をさするなどといった、言葉以外でのコミュニケーションが求められます。

こうしたことを考えると、人間のコミュニケーションは、触ったり、触られたりするこ

とからはじまって、最後は手を握られながらお亡くなりになります。まさに「触《ふ》れ合い」です。人生は「触る」という形ではじまり、「触る」という形で終わりを迎えることになるといえるでしょう。

ふれあいは非常に重要です。

一昔前のお父さんやお母さんは、新生児室の窓越しに自分の赤ちゃんを見て、「いつになったら抱っこができるのかな。看護婦さんの許しが出たらできるのだろうな」と思っていました。しかし今日では、生まれるとすぐに母親が抱っこできるようになりました。抱っこができるというよりも、赤ちゃんに触ってあげないといけない、抱いてあげないといけないことが分かってきたのです。生まれた赤ちゃんが未熟児ですと、保育器の中に手を入れて体をさすってあげます。

これらの大きな理由は、赤ちゃんは生まれたときから、「あなたがそこにいることを、私は知っているのよ」「けっして無視していませんよ」「あなたは私たちにとって、とても大事なのよ」ということを、直接に体で教えていく必要のあることが分かったからなのです。

つまり、人間のコミュニケーションには、「あなたは私にとって大事な人間です」というメッセージを相手に伝えることがとても大切なのです。それを心理学では「ストロークを与える」と言います。

ストロークというのはもともと、ボートのオールのひと漕《こ》ぎ、水泳のひとかきなどのことを言いますが、心理学では「なでる」「タッチする」など、触ってあげることをはじめ、相手を「認める」とか、「褒《ほ》める」とか、「ありがとう」というメッセージを相手に与えることを言います。そのメッセージを受けた側は、「私は大事にされているのだ」「私は価値のある人間なのだ」と感じるのです。

そして、言葉を覚えるようになると、相手が気持ちよくなるような刺激を言葉で与えることができるようになります。このような行動の循環、つまり相手に対する働きかけや相互のやりとりは、すべてストロークに含まれます。

人間が生きていくうえで重要な〝ストローク〟

ストロークは食べ物と同じように、人が生きていくうえで重要だということはあまり知られていません。しかし人の心が育つために、このストロークは重要な役割を持っているのです。

人間が生きていくうえで、食べ物がいかに大切か、皆さんは十分に理解されています。今日のように物の豊かな社会になりますと、食べる物でも「グルメ」などといって、美味《おい》しいものを選ぶことができるようになりましたし、体によいものを選ぶことさえできます。

しかし、世界には日本ほど豊かでない国が、まだまだたくさんあります。それらの国では、普段、私たちがほとんど口にしないようなものでも、生きていくために食べなければなりません。

私は戦時中に育ちましたので、幼いころはトウモロコシやカボチャ、ジャガイモなどを毎日の主食のようにして食べました。時には、普段は目も向けないような木の実なども食べた経験があります。つまり、人間は生命を維持していくために、普段は食べないようなもの、食べても「まずいなあ」と思うようなものでも食べます。

実は、これと同じように、人間は生きていくために「嫌《いや》だなあ」と思うようなストロークでも受け入れなければならないことがあるのです。

ストロークにはプラスとマイナスがあり、人はプラスのストロークをもらうと、とてもいい気持ちになります。

身近な例で言うと、「ママ抱っこ！　抱っこ！」とお子さんが言えば、「さあ、おいで！」と優しく言って受けとめてやる。「ママ、九十五点とった。見て！」という言葉に、「まあ、よくできたわね。がんばって勉強したからだね」と言って褒めてやる。赤ちゃんを抱っこして、〝あなたは大事な人間なのよ〟という気持ちで頭をなでてやる。

こうしたことが、プラスのストローク（肯定的ストローク）を与えることになります。

しかし、中には、子どもが嫌な気持ちになるようなストロークを与えるお母さんもいます。たとえば、子どもが「ただいまー」と帰ってきても、返事をしません。子どもが「ただいまー。ただいま！」と言っても、「聞こえてるわよ。うるさいわね！」と言うお母さんもいます。あるいは、「ママ！　抱っこ、抱っこ」と言うと、「暑いのに、抱っこなんて。あっち行ってよ。暑い！　暑い！」と言うお母さん。

そのほかにも次のようなお母さんもいます。

「ママ！　九十五点取ってきたー。すごいでしょー」とテストを見せる子どもに対して、「あら、バカねえ。どうしてこんな所で間違えたの？　あと五点で百点だったのに。あなたもダメねえ！」と返すお母さんです。

これらを、マイナスのストローク（否定的ストローク）を与えているといいます。子どもは、とても嫌な気持ちになります。

このように、もらうといい気持ちになるプラスのストロークと、反対にもらうと嫌な気持ちになるマイナスのストロークの例をあげましたが、こうしたやりとりの延長上には、子どもが親から人として肯定されて生きていくか、人として否定されて生きていくか、どちらの心が育っていくかという問題があるわけですから、きわめて大切なことなのです。

つまり、親からのプラスのストロークが全然ない場合、これが続くと、子どもは生きていくために「マイナスのストロークでもいいから……」という思いが働きます。そこで、親からマイナスのストローク、つまり親に迷惑をかけるような働きかけをすることによって自分を表現するようになります。先に述べたように、おいしい食べ物がない場合、まずい食べ物でも食べて空腹を補おうとするのと同じです。何もなくては生きていけません。

人間の心もプラスのストロークが欠乏するとマイナスのストロークで補おうとします。つまり、今日の社会において、大人も子どもも、人間が起こすさまざまな症状や不可解《ふかかい》な行動は、「愛情が足りない。本当の心のふれあいを求めたい」という心からの叫びであるといえるでしょう。

ストロークは、まさに人間が生きていくうえでたいへん重要なものであることを理解していただくために、このストロークについてもう少し詳しく見ていきましょう。

二、ストロークの三つの領域

この肯定・否定のストロークには、それぞれ肉体的、言語的、心理的の三つの領域があります（表①参照）。

表①　ストロークの領域

	肉体的	言語的	心理的
肯定的ストローク	「肌のふれあい」 なでる さする 抱擁する 愛撫する 握手する	褒める なぐさめる 励ます 語りかける 挨拶をする	「心のふれあい」 ほほえむ うなずく 相手の言葉に耳を傾ける
否定的ストローク	叩く なぐる ける つねる そのほかの暴力行為	叱る 悪口を言う 非難する 責める 皮肉を言う	返事をしない にらみつける あざわらう 無視する 信頼しない

先にも述べたように、肯定的ストローク、つまりプラスのストロークとは「あなたは大事な人間ですよ」という刺激、つまりメッセージを相手に伝えることです。

肉体的な面で表すとすれば、「なでる」「さする」「抱擁《ほうよう》する」「愛撫《あいぶ》する」「握手する」などです。

特に、言葉が不自由な人や口がきけなくなった患者さんなどに対しては、言葉によるストロークでは不十分となりますので、たとえば、患者さんの横にいて手を握ってあげるとか、体をさすってあげるといったことが大切になってきます。さすることは、言葉以上に重要なものです。

ストロークの肉体的領域について

肉体的な面で見られる否定的ストロークは、「叩《たた》く」「なぐる」「ける」「つねる」「そのほかの暴力行為」などです。今、これらがたいへん増えています。ひどい体罰なども、これに当たります。エスカレートすると、金属バットで撲殺《ぼくさつ》する、ナイフで刺すなどとなります。

子どもの数は、近年の少子化で非常に減っています。しかし「不登校」「登校拒否」「いじめ」などは、子どもの数が減っているにもかかわらず、まったく減っていません。つまり、割合は増えているということになります。

また、スキンシップの不足が原因と考えられる「幼児虐待」も、うなぎ登りで増えています。子どもに対して、「床にたたきつけた」「ご飯を食べさせなかった」「柱に縛《しば》りつけた」などがあります。それが大学を卒業した、いわゆる教養のあるお母さんにも見られます。母性愛といわれ、女性はお母さんになったらみんな、子どもがかわいくて、かわいくてしようがなくなると、だれもが思っていました。しかし、女性みんなが、自然にそうなるということではなさそうです。

以前、ある子どものレントゲン写真を見たことがあります。腕の骨が雑巾《ぞうきん》を絞《しぼ》ったように曲《ま》がっていました。そのとき、このお母さんは医師に対して「私は何もしていません。私ではありません。絶対やっていません」と強く言ったそうです。幼児を虐待したお母さんは、まずそれを認めません。強く否定します。なぜでしょうか?

それを認めたら大変なことになるからです。夫から「おまえ、こんなにひどいことをしたのか」と言われ、もしかするとそれが原因で夫の愛情がなくなってしまい、離婚の可能性も考えられるからです。ですから「絶対にやっていない」と言います。

そのほかにも、最近、私が扱ったケースですが、小児科の先生が「この傷、この骨の歪《ゆが》み方、これは明らかに虐待ですね」と、あるお母さんに言いました。すると、やはり「していません。絶対にしていません」と強く否定します。「では、どうしたのでしょうか」と先生が尋ねると、そのお母さんはこう言いました。

「私が寝ているとき、泥棒が子どもの腕を踏みつけていったのでしょうか……」

確かに母親自身の気持ちとしては、それを認めてしまったら不安になるのは分かります。しかし、「私は絶対していません」「私はやっていません」と言いながら、最後には「やりました」と認めます。犯罪者の多くも「私は絶対にしていません」と言います。人は何かやましいことがあるとき、何らかの真実に接すると真っ向から否認するようです。

ストロークの言語的領域について

次は言葉による肯定的ストローク、つまり「褒める」「慰《なぐさ》める」「励《はげ》ます」「語りかける」

「挨拶をする」ことですが、これらはとても大切です。一方、「怒鳴《どな》る」「悪口を言う」「非難する」「責める」「皮肉を言う」などが、否定的なストロークです。

子どもは怒鳴られ、否定され、責められて、いったいどういう気持ちになるのでしょうか？

これは大人の世界でも同じことがいえます。

人間の心には「表」と「裏」がありまして、この「裏」というのが非常に重要です。そしてお子さんは、親の心にあるこの「裏」の心をすぐに見抜きます。

たとえば、「ママ、ぼくのこと好き？」と子どもが尋ねたとき、「とっても好きだよー」と心を込めて言えば、子どもはお母さんは自分のことが好きだと感じます。

しかし、「親というものは、子どものことは好きですよ」と答えた場合、なんとなく冷たくて嫌な印象を受けます。

子どもは、自分が「抱っこして！」と言ったら抱っこをしてくれるのかどうか、試験に落ちたときにどのように扱ってくれるのか、そして、どのように気持ちを理解してくれるのか、という親の「裏」の部分を見ています。

ふれあいというのは、決して表面的な言葉の内容だけではなくて、「抑揚《よくよう》」「目つき」や「ジェスチャー」など、言葉の「裏」を表現する要素が含まれます。「また試験に落ちたのか。本当にしようがないね」と言ったり、それも言わず口もきかないとなると、子どもは

〃親は、本当は自分を愛してくれていない〃と考えはじめます。

このように考えていきますと、さまざまなトラブルを起こしている子どもの心の背景には、ふれあいや助けを求めていることが分かります。子どもは助けを求めるために、何かトラブルや身体的症状を出すことがあります。

今日では「引きこもり」といいまして、一日中、自分の部屋にいて、ろくに会話もしない親子関係が増えてきています。特に高校生ぐらいから、会話などはまったくしなくなるようです。親子の会話は、メモを使って行うのです。「今日は塾の授業料が必要だから玄関に置いておいて」「今日はこれが食べたいから用意して」といった具合です。たいへんかわいそうなことです。

今やどこの都市においても引きこもりが増えていますし、大学を卒業したあとの引きこもりも増えているように、その年代も広がっています。

携帯電話、パソコンのメールなど、対人関係ではない対物関係が、日常の中で非常に多くなったことも影響しているのでしょう。ちまたでは、夫婦げんかもパソコンなどでやっている人もいると聞きました。若い人も面と向かって会話はしますが、長時間にもなるとそれぞれが何となく不安になって家に帰るそうです。それでも、家に帰ると今度は電子メールを使って会話の続きをします。それぞれ面と向かうと、深い話や悩み事などが話せないからです。

そのうちに、カウンセリングも電子メールで行う時代が来るのでしょうか。いや、もうその兆候《ちょうこう》ははじまっています。人間のコミュニケーションが、機械を通してでないとできないとしたらたいへんです。このままいくと、対人関係やコミュニケーション能力が、どこかおかしくなってしまうのではないかと心配です。

私は看護学校でよく教える機会がありますが、ここ二、三年の間、看護学校の先生方からどうしてもこれをやってくださいと依頼される講義や演習が多くなりました。それはコミュニケーションのための授業なのです。

看護学校の生徒の中でも、よく勉強はできるけれども、人間関係ができないといった人たちが増えてきました。しっかり勉強をするし、テストでも良い点をとります。しかし病《びょう》棟《とう》で実習すると、患者さんの前で突っ立ったまま何をしていいのか分からない人が多いというのです。

一昔前でしたら、教えなくても、患者さんの前に行けば体が自然に動いて、患者さんとの自然なふれあいができました。しかし今では婦長さんが「こういうときはこうやるのよ」と、丁寧《ていねい》に教えなくてはならないのだそうです。それでも実習になると、生徒は突っ立ったまま、患者さんとのコミュニケーションができないという事態が起こるのだそうです。

病院の先生方や先輩の看護婦さんたちから、「テストでは良い点をとるけれども、患者さんとコミュニケーションがとれない人を看護婦さんにして、本当によいのでしょうか?」と、お会いするたびに問われています。

このようにコミュニケーションがとれない、つまり「ふれあう能力」を欠いた人が増えた原因の一つは、子どもたち自身が育ってきた過程で、言葉によるプラスのストロークをたっぷりと受けた経験が減っていることがあげられるでしょう。やはり、親や先生などから、褒められたり、慰められたり、励まされたり、あるいは自分から語りかけたり、挨拶をしたりするという、いわば生《なま》の「言葉」や「ふれあい」が減ってきたことが考えられます。

ストロークの心理的領域について

三つ目は、心理的領域にあたるストローク、まさに「心のふれあい」についてです。この代表的なプラスのストロークは、「相手の話に耳を傾ける」ことです。

たとえば、子どもから「ママのバカ。ママなんか大嫌い!」と言われたとします。普通は「ママのバカとは何ですか!」と対応することが多いでしょう。もちろん、こういう対決する姿勢が大事なときもあります。しかし、その前に子どもの話に耳を傾けて、「ママのバカ?　どういうところがバカなの?」「いつからバカだと思ったの?」と聞いてみましょう。すると、こんな展開になっていきます。

「だって、弟ばっかりかわいがって……」

「あなたは、お母さんが弟ばかりかわいがっていると思っているのね。いつ、そう思ったの?」

「ほら、あのとき、弟と二人だけでスーパーへ行って、あめを買ってやったじゃないか」

「ああ、あのとき。あなたはそう思ったのね」

このように聞いてやりますと、子どもはだんだん満足してきます。なぜかというと、子どもは〝お母さんは、自分の話を聞いてくれた〟〝訴えを聞いてくれた〟〝受け入れてもらった〟〝大事にされた〟と実感するからです。

別の言い方に、次のようなものがあります。

「ママのバカ。ママなんか大嫌い!」

「ママのバカとは何ですか!　親はみんな子どもを大事にするし、平等に扱います」

これは内容的には〝正しい〟ことです。しかしそれを先に言ってしまうと、子どもにとってみると、〝お母さんの言うことは正しいけれど……〟というように、何か心に不満が残ります。

同じように、子どもが「学校に火をつけてやる、燃やしてやる！」と言ったとき、「学校に火をつけるとはなんですか！　非行少年のはじまりです。絶対にそんなことをしてはいけません」と言い返すのは、内容的には正しいことです。しかし、その前に〃どうしてこの子はそんなことを言うのだろうか？〃と考えてみる必要があります。

そこで親は心のギアをちょっと変えて、「学校に火をつけたいの？　ふーん、いつ火をつけるの？　だれとやるの？　どうやって？」と、会話を切らずに聞いてあげると、ちょっと違った返事が出てきます。

「お母さんもバカだな。火なんかつけるわけないよ。火をつけたいぐらい嫌なことがあるんだよ」

そこで、「嫌なことって、どんなことなの？」と聞いていくと、子どもは応じてきます。ここまできて初めて心のふれあいが可能になっていきます。

ところが、火をつけるというような過激な話に驚いてしまって、「火をつける？　火をつけたらあなた、非行少年になるのよ！」という言い方で対応していくと、正しいことを言ってはいても、子どもは受け入れられたとは感じませんから、やがて本当に火をつけたいと思うようになっていきます。

不登校も同じことがいえます。

「おなか痛い」という訴えに対して、「さっき先生に診《み》てもらったら異状はなかったじゃないの。学校に行きなさい！」と言えば、子どもはほぼ間違いなく、学校へ行かなくなるでしょう。ですから最近では、文部科学省がスクールカウンセラーを各学校に派遣して、子どもの立場を理解しようという体制が生まれてきました。

不登校を起こしている子どもの多くは、体に異状がなくても「頭が痛い」「おなかが痛い」「熱がある」と言って、体で訴えてきます。調べてみても特別に悪いところはありません。「異状がないんだから、学校へ行けるはずじゃないの！　宿題もやったんだし！」と言っても、子どもは玄関先で、もぞもぞしていて学校へ行かないでしょう。

これは子どもが、一生懸命に体でストロークを求めていることの表れですから、そこには必ず、もうひとつ別の意味があります。親や大人は、その意味を考えてみなければ、子どもの心の核心が分かりません。親としては、〝ストレートにそれを言えばいいのに〟と考えますが、日ごろのコミュニケーションが不足している家庭やお子さんの性格によっては、子どもは自分の言いたいことを言えないのが実状です。

たとえば、子どもが「ただいまー」と帰ってきた場合、「お帰り」と言います。ここまではいいでしょう。そのあとが肝心です。

「今日、学校でね……」と子どもが話しかけたとき、「テストは何点だったの。今度の試験はいつ？　もうすぐ塾の時間よ、早く用意しないと遅れるでしょう」という対応をしてしまうことがあります。能率や生産性を追求し、それを日常生活の習慣にしてしまうと、子どもは心の悩みを言い出せない日々を送ることになります。

こうした関係を続けていると、子どもは、寂しい、悲しい、腹が立った、心が傷ついた、という心の悩みについて、話をしなくなっていきます。そして何か心の問題を抱えたときに、「おなかが痛い」「頭が痛い」「熱が出る」と、体で訴えるようになるのです。

さらにひどくなると、子どもは「行動」で訴えるようになります。たとえば、同級生をいじめる。ナイフで刺す。相手が「やめて」と言っても死ぬほど叩く。また、小遣いを渡しても渡しても万引きをする。家出をする。たばこを吸う。シンナーを吸う。このように心の問題を抱えていたり、何か気に食わないことがあると、子どもは行動で訴えるようになります。

これらの理由の一つは、小さいうちからマイナスのストロークばかりを受けてきて、プラスのストロークが足りないことが考えられます。子どもが親を嫌な気持ちにさせるときは、間違いなく「プラスのストロークが足りない」と要求しているのです。

子どもにとっていちばんつらいことは、親の無関心です。親とのコミュニケーションが全然ないことほどつらいものはありません。コミュニケーションがないのは、プラスのストロークがないのと同じです。おいしい食べ物がないのと同じです。子どもは生きていくために、まずいものでも「気づいてちょうだい、気づいてちょうだい。マイナスのストロークでもいいから欲しい」という思いで自分を表現するのです。にらまれても、頭をたたかれても、怒鳴られても、どのような形であっても、子どもは親が自分に関心を持ってくれることがうれしいからです。

親が子どもに対して行う心理的な圧迫には、「にらみつける」「返事をしない」「あざ笑う」「無視する」のほかに、「だめねえ」「役立たず」「ろくでなし」などの言葉を多用することが考えられます。こうしたストロークは、子どもの心をひどく傷つけます。

三、発達の段階とストローク

次に「発達の段階とストローク」について考えてみましょう。少し理論的な言葉ですが、要するに子どもの心身の発達・成長に添《そ》ったストロークが必要だということです。赤ちゃんの時代はスキンシップがとても大切ですが、小学生くらいになると、きちんとした言葉のやりとりで愛情の確認をしはじめます。さらに大人になると、言葉の割合がいっそう大きくなります。

ここでは大きく乳幼児期、子ども時代、成人期に分けて考えてみたいと思います。

乳幼児期に必要なストローク

乳幼児期のふれあいで重要なのは、スキンシップです。前にも述べましたが、赤ちゃんは〝人に触《ふ》れてもらいたい〟という体の要求があります。触《さわ》られたり、抱っこされたりしないと心が安定しませんから、体重は増えず、身長も伸びません。

隔離《かくり》されて、抱っこもされないような悪い条件の中で育った子どもは、どうしても心が病んでいきます。スキンシップが足りませんから、心が満たされないまま、〝基礎工事〟がされてしまうのです。しかし、幸いなことに、心の病を抱えたお子さんを明るい家庭へ養子縁組などで引き取っていただくと、心は回復するのです。

ですから人間の心のすばらしさは、愛情をかければ、満たされなかった心も補えるというところにあります。これがカウンセリングの考え方の源になっています。その人の心の問題を一緒に抱えてあげ、支えてあげる、そして包み込むように愛情をかけていくと、心は安定しはじめて、遅れていた発育も取り戻せます。

子ども時代に必要なストローク

小学生くらいになりますと「パパ、ママ、私は大事な子?」と、親に尋ねるなど、〝認めてもらいたい〟という行動をとります。寂しい子どもは、ややもすると、いろいろな形で親の愛情を確認します。

たとえば、子どもが一生懸命に勉強をすれば、たいていの親は褒めてくれます。ですから、子どもにとっては一生懸命に勉強することが親子のつながりを保つことになります。一生懸命に勉強することによって、よい成績をとって親の期待に添おうとします。

私は、これまで、それはそれですばらしいことだと思っていましたが、不登校や登校拒否の子どもを扱いはじめてから、これは注意しなければいけないと思うようになりました。

法務省では学校に行かないことを〝不登校〟と申します。これは決して登校を拒否する登校拒否とは違って、学校には行きたいけれども、行くことができないので、不登校と言うわけです。

そういうお子さんを見ていますと、六~七割がいわゆる「よい子」です。勉強がよくできる子どもです。成績がトップクラスの「よい子」もいます。しかし残念ながら、こうしたよい子どもが挫折《ざせつ》する割合は高いのです。つまり本当の自分の希望ではなく、親の希望に添った生き方をしている子どもです。言いかえれば、「よく学び、よく遊ぶ」ではなく、「よく学び、よく学ぶ」お子さんです。その目的は、親を喜ばせるために、親の期待に添うためであって、「よく学び、よく遊ぶ」という人間性を育てるルールから脱線したお子さんです。

ですから、こうした「よい子」には反抗期がありません。しかし、実際は〝あのとき、怒りたかった！　自分の気持ちを言いたかった！　自己主張したかった！〟という思いを抱えながら、よい子でいるのですから、ある時期になって一挙《いっきょ》に反抗期が来るわけです。いってみれば、「満期（反抗期）つきの積み立て預金十五年コース」とでもいえるでしょうか。

青少年がらみの事件があったときなど、出身校の先生方は、「あのよい子が……」と、マイクの前でおっしゃいます。泣きながら、「あのよい子が、こんなことするとは考えられませんでした」「あの成績のよい子が、こんなことをするなんて、いまだに理解できません」という場面をよく見かけます。

これは、心理学から言うと、子どもの全体が見えていなかったことになります。ですから逆に、あまり勉強はしないで、ときどき親にぶつかってくるお子さんのほうが希望が持てるという言い方もできます。そういうお子さんは、親のペースではなく、自分のペースで人生に取り組みます。いろいろな問題を自分なりに考えたり、人とぶつかったりして、心身がもまれますから、しっかりと育ってくるようです。

もともと子どもには残虐性《ざんぎゃくせい》があります。トンボの羽根をむしったり、カエルのお腹に空気を入れてふくらませたりします。時には「おかあちゃんのバカ」と言ったり、きょうだいげんかをしたり、友だちとけんかをします。そういう過程で、もまれてもまれて、自分の気持ちをコントロールしていくことを学びます。そして最終的に、「お腹《なか》を蹴《け》ってはいけない」「弱い者をいじめてはいけない」「年下をいじめてはいけない」ということを身につけていくのです。

しかし、それも昔の話で、今では勉強、勉強です。お母さんから言われる言葉にちゃんと従って学校生活を送ります。「休み時間中も単語の一つでも覚えておくのよ」「部活動に入ったら、忙しくなって大学へは入れないのよ」と。

そのとおりかもしれません。でもこの生活が続き、善悪など大事なことを身につけないで大学生になり、大人になっていきます。すると、たとえば医学部に入って、親は「よかった、よかった」と思っていたのに、子どもはオウム真理教に入りサリンを撒《ま》いて、刑務所に入ってしまうというようなことになるわけです。物事の善し悪しなどは、子ども時代に覚えておくべきです。

しかし、その善悪の判断を身につけなければいけない時期に、そこのところを手抜きされてしまって、「お勉強」という二次的なことがいちばん大事であるかのように教えているのが今日の社会です。その結果、「よい子、よい子」で育ったものの、人間関係でもまれていませんから、とにかく常識のない人間になってしまうのです。

「積み立て預金二十五年コース」は、大学を卒業してくれて、「よかった」と思った矢先に満期になるタイプです。たとえば、お母さんのいちばん嫌いなタイプのガールフレンドを連れてきて「結婚するよ」と言って、親の残りの人生を悩ませることになります。

積み立て預金は、そのまま据《す》え置いておくと利息が多くつきます。「積み立て預金四十年コース」「六十年コース」になると、人生半ばにして、また定年後にとんでもない問題を起こすことになるわけです。

こうして考えてみると、やはり、〝心の基礎工事〟というものがいかに大事かが分かります。

成人期に必要なストローク

次に、成人期です。ここでは成人期を「人生における成熟という課題を担《にな》う段階」と考えることにしましょう。つまり成人期に達すると、私たちのストロークは〝人生を有意義に過ごしたい〃という気持ちで、人生の意義と喜びを求める形になるのが理想です。そして、心理的には各人が〃親〃または〃指導者〃としての役割を果たすことができるかどうか、が問われます。

成人期になると、私たちは子どもを持って親になったり、若い人々の指導的立場になることが多いと思います。その場合、次の世代を見守り、支え、育てることが、人生の課題と喜びになっているでしょうか。結婚して子どもを持てば、だれでも親になるのは当たり前と考えたいところですが、最近は心が子どものままで結婚するという、自分の欲求や願望を満たす生き方をする人が少なくありません。

たとえば、わが子を虐待する女性の中には、自分の生きがいは母親であることとは別だ、と主張する人がいます。また、いわゆる一流大学を卒業した教員でも、専門以外はまったく無関心で、生徒や学生の世話は自分の仕事ではないと回避《かいひ》する人もいます。

〃成熟〃ということは、いいかえれば〃他者の存在に責任を持つ〃ということであり、この課題に取り組んでいくことが、成人期の成長のあり方といえるでしょう。

このような成長を欠いた場合、日常の生活の中では、次のような否定的ストロークとして表れます。

・わが子の成長を喜んだり、後輩の世話をすることができない。

・若い人の健全な自己主張を、すべてわがままとして受けつけない。
・他人の幸福をねたんだり、邪魔《じゃま》をしたりする。

こうしたことを考えてみると、成人期の「愛のストローク」の源は、その人がそれまでの自分の人生や今の生き方をどのようにとらえているかにあるといえましょう。つまり、これまでの自分の人生を肯定的にとらえているだろうか、あるいは成長とともに青年時代に身につけたものとは別の価値観や生き方を発見できただろうか、という課題に気づくことです。

具体的にいえば、名誉、財産、競争などに対する自己本位の関心から抜け出して、今日の生活に対する感謝や、幼い者、家族、他者に対する配慮を中心にして生きようという心の転換ができているだろうかと考える生き方です。こうしたとまどいや不安を抱えた自分をありのまま認め、引き受けるとき、成人期に遭遇《そうぐう》するさまざまな問題に対して、肯定的ストロークをもって対処し、課題を克服していくことができると思います。

四、ストロークの種類

条件つきのストローク

ストロークの種類には、プラス（肯定）とマイナス（否定）のストロークがあり、プラスのストロークの大切さを述べてきました。そこで、次に、「条件つきのストローク」と「無条件のストローク」があることを知っていただきたいと思います（表②参照）。

まず、条件つきストロークとは「○○したらかわいがってあげるよ」というように、条件がついたものです。たとえば、「テストで百点をとったらご馳走《ちそう》してあげる」とか、「よく勉強して、クラスで何番以内に入ったら自転車を買ってあげる」、あるいは「おまえは素直だから、パパは好きだよ」といったものです。

この条件つきのプラスのストロークは、しつけをしたり、教育をしたりするときによく使われる方法です。しつけや教育はとても大事なことで、大切なことはしっかり教え込まなければなりません。その意味では、決して悪いことではありません。

しかし、たとえば、「勉強しない子は、ママ嫌いよ」とか、「ハキハキしない子はだめよ」

表② ストローク分類表

	プラス（快）	マイナス（不快）
身体的ストローク	頭をなでる 握手する おんぶする ほおずりする 抱っこする 背中をさする 肩を抱いてやる	殴る 尻を叩く つねる 食事を与えない 厚着をさせる 灸をすえる 廊下に長時間正座をさせる
言語的ストローク	人を褒める ほほ笑みかける 名前を呼ぶ 挨拶、言葉をかける 認める（意見など） 意見を尊重する 礼を言う じっくり話を聞く	悪口を言う 罵倒する 嘲笑する 叱る 皮肉を言う 返事をしない（聞こえないふりをする） 文句を言う 欠点を指摘して非難する
条件つきストローク	100点とったから、ご馳走してあげる よく勉強したから自転車を買ってあげるんだよ お前は素直だからパパは好きだよ	勉強しない子はママ嫌いよ お前はハキハキしないからダメな子だ！ あんたはすぐひねくれるから、ママはイヤなの ウソをつく子は嫌い！
無条件のストローク	○○ちゃん大好き 金なんかいくらかかってもいいのだ、お前が治ることが先決なんだよ 誰が何と言ったってママはあなたを信じていますよ いい大学に入れなくても関係ないの、あなたはパパとママの大事な子なの	お前には何のいいところもない あんたなんか生まれてこないほうがよかったのよ 死んでしまえ！ 出てうせろ！ ごくつぶし！

とか、「あなたはグズでひねくれているから、ママはイヤ」「ママは嘘《うそ》をつく子が嫌い」などは、子どもに嫌な気持ちを起こさせますから注意が必要です。

冒頭でも述べましたようにプラスのストロークが足りないと、マイナスのストロークで補うという法則がありました。おいしい食べ物がないと、人は生きていくためにまずいものでも我慢して食べます。

その法則からすると、心が寂しい子どもは、親の注目を浴びるために、ポケットにお金がたくさん入っているのに万引きをしたり、嘘をつきます。頭がよいのに、悪い点ばかり取ってきて親を困らせます。いろいろな形で満たされない気持ちを表して、親が学校や警察へ出向かなければならない場面をつくるのです。

しかし、そこには意味があります。親はたっぷりと愛情を注いできたつもりでも、実は条件つきのストロークばかりだと、子どもにとってみると親の条件を満たしたときだけに与えられる愛情であって、本当の意味で満たされていません。それを親に分かってほしいのです。

クラスの五番以内に入れなかったY氏

私の知人で、四十五、六歳の男性の話です。その方の家に行くと、すばらしい自転車が何台もあります。床の間にも廊下にも自転車が置いてあります。

そこで「自転車を買うのが趣味なのですか？」と尋ねると、「はい。日曜日に自転車を磨くことが楽しみなのです。これ知っていますか？　高いものですよ。十万円近い金額で、ほかにさがしてもなかなか見つからないものです」というのです。

彼には外出用の自転車もあります。しかしどんなに頑張っても、人間は一度に四台は乗れません。ご自身の自転車が四台もあるので、その理由を聞いてみました。すると、「子どものころ、両親に『学校の成績でクラスの五番以内に入ったら自転車を買ってやる』と言われました。一生懸命頑張ったのですが、五番以内には入れませんでした。友だちがどんどん自転車を買ってもらう中、結局、最後まで自分の自転車は持てませんでした。いつも友だちの自転車をうらやましく眺《なが》めていました。本当に、くやしかった」といいます。

「では、どうしたのですか？」

「はい、給料をもらって、いちばん最初に買ったのがこの自転車でした」

「そうですか。では、おたくのお子さんにも同じことをしますか？」と聞くと、

「いや、とんでもない。この子には、みんなと同じように、自転車を欲しがったら買ってあげます。その自転車に乗って、うんと楽しんで、そして勉強しなさいと言うつもりです」

彼が、そう答えてくれたので、少し安心しました。

このように、「クラスの五番以内に入ったら」というのは、一種の条件つきストロークで

す。親にとってみれば、しつけ、教育でした。こちらを喜ばせる限り、かわいがってあげるよ、こちらにとって大事だからかわいがるよ、という条件つきストロークです。でも、勉強しても勉強しても親の期待に添える成績を取ることができない、あるいは親の望む学校に入ることのできない子どもはどうなるでしょうか。

この知人の場合は、自転車に対して人より強い関心を持つようになったくらいのことで済みましたが、ともすると性格や生活のあり方が著《いちじる》しく偏《かたよ》ってしまうこともあります。

美しくなくなると捨てられる花

また、大人の社会にも条件つきで生活されている人がいます。

たとえば、美しい奥さんをお迎えになって、よい家庭をつくります。しかし長い月日が経《た》つと、美しい奥さんにもだんだんと目尻にシワがよってきたり、腰とお腹の太さが同じくらいになってきます。するとご主人は目移りして奥さんを替える、つまり離婚する人がいるわけです。一生懸命、ご主人と生活を共にした奥さんを捨てるのです。

最近では、逆のケースもあります。ある男性は、リストラされて家庭生活が一変したという話を次のようにしてくれました。

「実は今、離婚の話が持ち上がっているのです。私が働いているときは、妻はにこにこして『おとうちゃん、いつもありがとう』と言っていたけれど、リストラにあって会社を辞《や》めて給料が入ってこなくなったら、とたんに『甲斐性《かいしょう》がないわね』と言いはじめ、そのうち『離婚しましょうか』と言い出したのです。私はこれまで、本当に一生懸命にやってきたのに、給料を持って帰ってくるから大事にされていただけなのです」

同じように、結婚後、妻にぜんそくの発作が起きたから、あるいは夫が病気になって働くことができなくなったから離婚するといったケースが、若いご夫婦の間に多いようです。

これでは切り花と同じです。美しいうちはかわいがってあげるけれど、枯《か》れて、きたなくなったから捨てるということでしょう。世の中は、その法則で回っていることがいかに多いかということが分かります。そう考えてみると、愛情に条件がつくというのは、本来の愛という意味では、問題だろうと思います。

入試に失敗したK君

子どもを育てるうえで、この条件つきのストロークを当てはめますと、たとえば成績はよくないけれども運動はできる、運動はできないけれどもとても優しい、そういった子のよい一面が見落とされてしまいます。また実際に、子どもが試験に落ちた途端《とたん》、手のひらを返すように親が子どもを罵倒《ばとう》し、拒絶《きょぜつ》し、口もきかなくなったという事例が何件もありました。

あるお父さん、お母さんは、それまで子どもの入試に向けて、「一緒に頑張ろうね」「試験が終わったら、みんなで旅行に行こう」と言いながら、夜食のラーメンを作ってやったりしていました。ところが、受験に失敗したら、二人とも口もきかなくなってしまったのです。

そのほか、希望する大学に受かるまで何年も勉強して、それでも合格できない子どもがいると、「本当にお金ばかりかかるわね。また予備校に三十万円もかかるのよ」と言って、子どもが無駄《むだ》なお金を使っているように言う親がいます。

子どもは心がいちばん傷ついているときに、こうしたストロークを受けると「僕は一生懸命に勉強したけれども落ちた。それなのにうちの親は……。そうか、結局、親を喜ばせるために僕は勉強させられてきたんだ」と感じます。

試験に落ちたお子さんは、きっとこんなことを考えているのではないでしょうか?

〝一生懸命に勉強したのにパスしなかった。だけど今、僕がいちばんほしいのは「よく頑張ったのに……つらいね」と、悲しみを共にして「また頑張ろうね」という力をつけてくれる優しい言葉なのに……〟

このように、心が傷ついたときに求められているものは、プラスのストロークです。どうぞ、万一、お子さんが試験に落ちたとき、あるいは親への期待に添えなかったと感じているようなときこそ、親の愛情が試されることを知っておいてください。

無条件のストローク

無条件のストローク、つまり相手が存在しているという事実に対して与えるメッセージです。子どもの心がひどく傷ついているとき、また、配偶者が病気になったとか、経済的に今までの生活水準が維持できなくなったときにこそ必要なものです。頭が良いから、良い成績をとるから、経済的に豊かだから、ということとは別に〝あなたが存在しているということが大事なのです〟といったプラスのストロークを与えてください。

〝本当の愛〟とは条件がつかないことをさします。つまり無条件のプラスのストロークです。家族が病気になって、半身がマヒしたり、歩けなくなったり、口がきけなくなったりしたときにこそ、〝あなたという存在が大事なのです〟と言って、接してあげることです。

不登校の生徒さんを見ておりますと、いちばん注意しなくてはならないのが、「おまえは学校へ行かないの？　お父さんはちゃんと仕事へ行っているでしょう。学校へ行かないのはいけない子です！」と母親が言うことです。

この母親の気持ちはよく分かります。苦しい気持ちもよく分かります。しかし、それを言ってしまうと、子どもは近所へも出歩くことができなくなります。なぜかと言えば、学校を休んでいる以上、どこで何をしていても「自分はいけない子」だからです。昼間、外を歩いていてもいけない子だと思われるだろうし、また、夜に一人で散歩していてもいけない子だと思われるだろうという心がはたらくからです。ですから、たとえば散歩に行くときは夜遅く、犬を連れて行きます。犬の散歩でしたら「親から言われたから」という言《い》い訳《わけ》が自分の心の中でできるからです。

「○○するのはよい子」「○○しないからいけない子」という条件つきの環境で成長すると、その条件がうまく満たされないときは、「私はダメ人間」という自己否定感情を強く持ってしまうことになります。それが、不登校の大きな要因です。この自己否定感情を取り除いてやる、もしくは、これを治すように家庭で取り組んでみると、子どもは少しずつよい方向へ動き出します。

そのためには、「あなたという人間が大事なの。学校へ行っても行かなくても、あなたに対する愛情は変わりません」というメッセージを、言葉のストロークで、身体的なストロークで、そして心理的にもプラスのストロークを与えてやることが大切です。頭がいいからかわいがるのではないこと、こちらを喜ばせるからかわいがるのではないこと、あなたという存在そのものが大事であることを心から伝えます。実際には、このように、本当の意味でお子さんを大事に受け入れることができるまでには、とても時間がかかります。

しかし、不登校から回復していくプロセスを見ていますと、お子さんとご両親との間に、

「最終的に学校へ行っても行かなくても、あなたは私たちのかけがえのない大切な子。ありのままのあなたが大事」といった無条件のプラスのストロークによるコミュニケーションが回復していることが分かります。

こうして子どもは「僕は大事にされている」「私は大事にされている」という、自己肯定の感情をだんだんと取り戻していきます。自己肯定とは、決してうぬぼれという意味ではなく「私という人間は、かけがえのない存在として、お父さん、お母さんに大事にされている」と実感することです。親からのプラスのストローク、つまり親子のふれあいを通じて、このような自己肯定感を実感した子どもは、「このままでいたくない。両親と一緒に歩んでいきたい」と、心が少しずつ変化していきます。

このように、親にとって、大人にとって価値があるから、都合《つごう》がよいから愛するのではなく、存在そのものを愛することが本当の愛といえるでしょう。

繰り返しになりますが、「おかあちゃんなんか大嫌い！」と子どもに言われたとき、「大嫌いとは何ですか。あなたを育てるのにどれだけ苦労したと思うの。感謝しなさい！」と答えたり、あるいは「妹ばっかり、かわいがるじゃないか」と言われたとき、「親はきょうだいを平等に扱うのよ。あなたも親になったら分かるわよ」と答えるのはどうなのでしょうか。

いずれも内容的には正しいと思います。しかし、子どもと波長が合っていません。〝私は今、こういう気持ちでいるの！　この気持ちを受け入れてよ！〟という、子どもの大切な思いが無視されているのです。

生まれて数年の子どもを相手に、親は子どもの言葉を表面的にとらえて応答してしまいます。そうではなくて「あなたはそう感じたのね。話してごらん。ああ、そういうことで心が傷ついたのね」と、受け入れてやろうとする姿勢でのぞむことが大事です。言葉の裏には、必ず感情があります。心の中に鬱積《うっせき》していたマイナスの感情が外に出つくしてしまうと、プラスの感情が出てきます。すると子どもは、〝お母さんは私を受け入れてくれた〟と、親の愛情を受け取るのです。

何の価値《かち》付《づ》けも意味付けもしないで、ありのままの自分を受け入れてくれたという親子関係は、乳幼児期から小学校へ進むくらいまでに身につけていたいものです。たとえ、それが無理であっても、この時期に満たされなかった心も、ある程度ならば、あとで補えるのですから、思春期や青年期になっても無条件のプラスのストロークを与えてほしいと思います。

今日の社会は、たとえば早く漢字を覚えるとか、塾で勉強するほうが能率が上がるというように、能率や生産性を優先しています。そして、親子の信頼関係や先生と生徒の信頼関係が欠けています。本当の信頼関係というのは、子どもや生徒が〝そっくりそのまま大事な人間だ〟という扱いを受けたときに身につくものです。

一昔前まで、学校の先生方はこのことをしっかりと身につけていました。ですから、勉強の面ではできる子もいるし、できない子もいる。しかし、できない子でもそれなりの違う能力がある。〝みんな違って、みんないい〟と、生徒を受け入れてきました。

それが最近は、一時の高度成長などで浮かれてしまって、お金を稼《かせ》ぐ能力があるとか、勉強したらよい会社に入れるとか、そうしたことに価値を置き過ぎるあまり、人間としての価値を受け入れなくなりました。それを今、子どもたちが一生懸命に体で「それは違うよ」と訴えているのです。

不登校の専門家の先生方によりますと、「いじめや不登校などは、子どもたちの訴えである。私ども大人たちに、体をつかって一生懸命に訴えている」と言っています。

「信頼関係が欠けていませんか?」

「本来の人間の姿が欠けていませんか?」

「朝から晩まで、遊びもしないで勉強させられるのはおかしいんじゃないですか?」

と、子どもは一生懸命に体で訴えているのです。

子どもたちの抱えるさまざまな問題を全体から見ると、「みんな、どこか人間性を失っているんじゃないの」という訴えをするため、子どもたちはさまざまな行動を通して私たちにぶつかってきているような気がしてなりません。

五、人間関係とストローク

安定した人間関係は、お互いにプラスのストロークを交換し合うときに生まれます。お互いに気持ちのよいストロークを与え合えば、気持ちのよい人間関係が成り立ちます。

一方、前述したように、人間の心はプラスのストロークが欠乏するとマイナスのストロークで補おうとします。つまり私たち大人も含めて、子どもたちのいろいろな症状や不可解な行動は「愛情が足りない」「本当の心のふれあいを求めたい」という訴えであると述べてきました。

そこで、親子関係の中で、ストロークがどのような役割を果たすのか、例を紹介しながら考えてみたいと思います。

プラスのストロークの大切さ

家庭内暴力を起こす子どもの心理

家庭内暴力が起こると、多くの親は、「この子はこれまで、親に一つも反抗をしない、とてもよい子でした」と言います。それは〝ニセ〟のよい子だったのです。〝ニセ〟のよい子でいたほうが親の愛情をもらえるからです。本当のふれあいではなく〝親の期待に添う〟ことを優先していたのです。

しかし、だんだんに〝自我〟が芽生えてきて、自分の本当の気持ちを大切にしはじめると、「積み立て預金十五年コース」で、十五年ぶりの反抗を起こします。自我が芽生えてきた段階から、小出《こだ》しで反抗していればよかったのですが、長年ためてきてしまったのです。もう「それはイヤだよ、お母さん」「お父さん、少し反対意見があるんだ」という程度では満足できず、結局、金属バットを持ち出すような結果になります。気持ちが鬱積していますから、きめ細かい表現などできずに、感情を一気に爆発させるわけです。こういうケースの場合は、一気に爆発させればそれで済むというわけではありません。

たとえば、ある家庭内暴力で、息子が母親を殴《なぐ》っては謝《あやま》り、また殴っては謝るというケースがありました。

「おかあちゃん、ごめん。もう叩かないから」

「そう、分かったのね。もう叩かないでね」

「ごめん。痛かった?」

「とても痛かった。だからもう叩かないでね」

「分かった」

こういう会話があったのに、また叩くのです。そして同じように謝って、もう叩かないと思っているのに叩く、叩いては謝るという繰り返しです。

この行動を考えるにあたっては、子どもの心と体の状態を読むことが重要です。謝るわけですから、子どもの心には悪いという気持ちはあります。それでもまた叩いてしまうという行動の裏には、どのようなメッセージがあるのでしょうか。

それは、「僕は自分の感情をどのようにコントロールしてよいのか分からない。だから助けて！」ということです。多くの攻撃的な暴力は「自分でも自分のことをどうしてよいか分からないよ」と、助けを求めているのです。攻撃は「助けて！」という心の叫びです。

しかし、日常生活ではなかなかそれを読むことはできません。そこで、つい「親を殴るなんて！」と、子どもの暴力に対して、親が暴力で対抗するときがあります。「親を二度と殴ってはいけない」と言ってげんこつで殴るのです。すると子どもは、「おやじも気に入らないときには殴るんだな」と、体のほうで感じ取るのです。これでは暴力を暴力でいさめるという二重拘束《こうそく》になってしまい、根本的な解決にはなりません。

このことは、子どもの暴力に甘んじていろというのでは決してありません。親自身が、考え方、生き方を真剣に見つめ直し、本当の意味で子どもの心の叫びに気づいていくことが重要なことであって、それによらなければ本当の解決には向かっていかないのです。

起こしても起こしても、起きない子どもの心理

朝寝ぼうの子どもを起こすのに苦労している方は多いと思います。

子どもにはいつも、「朝は一人で起きなさい。会社に入ったら一人で起きないといけないのよ」と言いながら、朝になると、「起きなさい！ 七時よ！」、「七時五分よ！」、「もう七時三十分よ」というように、起きた？ 起きた？ を繰り返します。

そして、父親まで引っ張り出して、「パパ、たたき起こして！」と。父親は、「こら起きないか！ 起きろ！」と大声を張り上げます。

こうした親の姿に、子どもはおそらく首をかしげるでしょう。〝一人で起きろと言いながら、うちの両親はなぜ二人して一生懸命に起こしに来るんだろう〟と。子どもが感じることは、そのとおりです。「一人で起きろ」と言いながら、子どもに声をかけすぎると、一人で起きることにはなりません。つまり「一人で起きろ」ということは、遅刻することを覚悟して、それでも自分で起きて学校に行く、という責任を取らせることです。それを行わないで毎日声をかけると、〝わが家では、二人がかりであなたを起こすことになっているのよ〟という、子どもへの強力なメッセージになるのです。

ですから当然、子どもは〝親が来るまでもう少し寝ていよう〟という気持ちになります。いつまでたっても、子どもが一人で起きないのは、親自身が気づかないうちに、〝まだ起きなくてよろしい。親が起こすことになっているから〟というメッセージを、必ず親が起こしに行くというお手本まで示して、強力に子どもに伝えているからです。

拒食・過食をくり返す人の心理

拒食症・過食症も、少しずつではありますが、確実に増えています。

食べたり吐《は》いたりするお嬢さんたちを見ていると、非常によい子が多いのです。「お母さん心配しないで、ちゃんと食べるからね、心配しないでね」と言いますが、残念ながらそれを守ることはありません。そしてまた、食べて吐くという行為を続けます。

私たちは、通常、エネルギーの法則で食事をします。エネルギーの法則とは、生命を維持する自然の法則です。おなかがすけばエネルギーを補給して体力を維持するために食べます。そして、おなかがいっぱいになったらやめます。そのように自分の体の声を聞いて食べています。

しかし今や、多くのお嬢さんたちはエネルギーの法則では食べません。では何の法則でしょうか？　それは「やせると美しい」という偏《かたよ》ったマスコミの情報によって作り出された不自然な法則です。

たとえば、受験の時期に一生懸命に勉強をしていて、ご飯をあまり食べなかったときなどに、たまたま「あなた、少しやせたわね。でもキレイになったわ」と言われると、いつも接している情報のせいで、自分の中に「やせると美しくなる」という法則を作り出してしまいます。すると、おなかがすいても食べなくなるのです。

そして、周囲からたくさんの〝注目〟という形のストロークをもらいます。特にプラスのストロークが不足していた人は、周囲の注目がとてもうれしく感じます。そして、ますます食べなくなります。

このようにして、食欲という体が要求する自然の法則より、「やせると美しい」という法則に従った食べ方しかしなくなるのです。ですから、おなかがすいても意識して食べないで、コーヒーかクラッカーで済ませてしまいます。すると、脳では自然の法則が乱れ、空腹感や満腹感が分からなくなります。しかし、肝心な体はいつも飢餓《きが》状態です。

しばらくして鏡を見て「少しやせすぎたかしら」と思って食べると、体のほうは「これが最後のチャンスかもしれない。この機会に食べておかないと、また食べさせてもらえない」と、どんどん食べてしまいます。体はエネルギーの法則で動いていますので、エネルギーが枯渇《こかつ》するのは生命維持にとって非常に問題ですから、体が要求するのです。

すると今度は、その自分の食べた量を見て驚き、「私はこんなに食べてしまった。ああ大変なことをした」と、自分に対する嫌悪感《けんおかん》から指を口に入れて吐くわけです。この繰り返しが続くと、脳ではまったく食欲に関するコントロールができなくなります。ですから、食べたり吐いたりする行為は、「自分で自分のことをコントロールできない！　食欲をコントロールできないから助けて！」という体の叫びです。

そういうとき、親はお嬢さんの声ではなく、お嬢さんの「体の声」を聞いてやってください。そして「あなたは少し病気なのだから、病院でしっかり先生と相談して、体にある自然の法則を取り戻さないといけない。おなかがすいたら食べる。おなかがいっぱいになったらやめる。今、それがあなたにとって大事なのよ」と、親が責任を持って言うべきです。「あなたがどう言おうと、今のあなたはお母さんの言うことをしっかりと聞くのよ」と、親が親の役割をきっちりと果たすことが重要です。

しかし、とてもいいお嬢さんが多いわけですから、本人は「だいじょうぶよ。安心して。しっかりと食事するから」と言うでしょう。それに甘んじて娘に任せておくと、いつまでたっても過食・嘔吐《おうと》の繰り返しで、まず治りません。あのカナダ出身のきょうだい歌手・カーペンターズをご存じでしょうか。症状が進むと、その妹のカレンのように餓死してしまうことにもなりかねません。

これは心身症と呼ばれ、心と体の両面からの治療を必要とする病気で、多くの先進国で見られるものです。ここでは、その中の食行動異常症に触れましたが、解決する前提には、行動や症状を含めて相手の全体像を意識しながら、「体は何を訴えているのだろうか？」と考えます。じっくり取り組んでいきますと、多くの場合、「自分でもどうしていいか分からない」と助けを求めていることが明らかになってきます。

〝傾聴〟は最高のストローク

では、こうした人間関係上の問題を解決するにはどういう方法があるのでしょうか。その一つに〝傾聴〟があります。傾聴は最高のストロークです。傾聴は相手の立場に立って、じっくりと話を聞いてあげることを意味します。ただし、それは相手の言いなりになるとか、何でも聞き入れてしまうという意味ではありません。子どもの言いなりになるのは、甘やかしです。そうではなく、子どもの立場になって心で話を聞くことです。

もっと具体的に言うと、何か問題を起こしている子どもがいた場合、自分の心の中に、その子の感じていること、思っていることをイメージして描き出してみるのです。

〝私がこの子だったら、なぜ盗《ぬす》むのだろう。頭はいいのに悪い点ばかり取るのはなぜなのだろう。何を感じているのだろう〟と考えながら、心で話を聞くのです。それを傾聴といいます。つまり、相手の身になって気持ちや思いを感じ取ることです。

たとえば、万引きをした子どもに「万引きはいけない！」と言うのは当然ですし、簡単なことですが、同時に〝ちゃんとお小遣いをもらっているのに、万引きをするのはなぜなのだろう〟と、この子になりきってみるのです。するとこんな声が聞こえてきます。

〝お父さんは小遣いはたくさんくれるけれど、それでごまかして、僕と一緒にいてくれない。僕は、『お父さん、お金じゃないよ』と言いたかった。だから見つかってもいいから万引きして、スーパーにお父さんを呼び出してもらって、おまわりさんや先生から、僕の代わりに話してもらったんだ〟

お父さんは先生に言われるでしょう。「お父さん。お子さんと一緒にドライブに行ったことがありますか？」「一緒にキャッチボールしたことはありますか？」「子どもの悩みを聞いたり、将来の夢を語り合ったことはありますか？」と。

「いや忙しくて……」

「だからお子さんは万引きをするのです。お子さんは、お父さんとのふれあいを求めているんじゃないですか？」

子どもは、お父さんに向かって自分では言えないことを、だれかに代わって言ってもらっているのです。

そこで、「これから時間をつくって一緒に話そう。ドライブにも行こう。ご飯も一緒に食べよう」と言うと、子どもは内心うれしいのです。しかし、それでお父さんが変わればよいのですが、お父さんの行動にあまり変化がないときや、また元に戻ってしまったときには、〝万引きしたとき、お父さんは僕のこと考えてくれて有効だったから、もう一回やろうかな〟ということにもなります。

このようにして、プラスのストロークが不足している子どもは、親の愛情で満たされるまで、何度でも行動で訴えてきます。ですから、やはり心で話を聴いて、その行動の元にある本当の意味を読んでいく、理解していくことが大切になるのです。

相手の人生観・価値観を認める

次に、相手の人生観・価値観を認めることです。そのためには、自分の価値判断を一時控《ひか》えてみる必要があります。なぜなら、大人の価値観と子どもの価値観は当然ズレているからです。

たとえば、学校で先生と生徒の人間関係があまりできていないのに、とても厳しいクラスのルールを与えると、子どもは先生の顔色ばかりうかがうようになります。

人間関係ができるということは、お互いの価値観をある程度、相互に認め合っていることです。ところが、人間関係ができていないわけですから、生徒には厳しいルールを出した先生の考え方や価値観が分かりません。そこで、先生の顔色をうかがうようになるのです。やがて、先生を喜ばせることだけに執着《しゅうちゃく》し、陰で悪いことをします。先生のほうも生徒の考え方が分かっていませんから、自分の価値観に合ったときだけ、つまり気に入ったときだけ生徒を褒める、気にいらないとすごく叱るというように、コロコロと態度が変わります。すると生徒も、いっそう先生の顔色をうかがうようになっていきます。

くどいようですが、その原因は基本的な信頼関係ができていないからです。ですから心理学の世界では、まず〝心の基礎工事〟として、相手をしっかりとかわいがることが重要であると考えています。日本的に言えば、まず子どもの甘えを十分に満たしてやることです。言い換えれば、生徒の価値観をたっぷりと言わせて、それを認めてやることです。そして、そのあとに、先生の価値観も伝えて、ルールを与えるのです。

ところが、今日では逆になってしまいました。かわいがらなければならないときに、勉強を教えるなどという教育をしています。

心の基礎工事ができていない子ども、つまり、親と子の関係であれば、愛情がたっぷりと注がれずに信頼関係を築くことができていない子は、ちょうど乳児が、まだ「お母ちゃんの愛情が欲しい。親の愛情が足りない」と感じて、泣きわめいたり、癇癪《かんしゃく》を起こすときのように、思春期になっても、怒りを体で訴えます。

たとえば電車内で、相手が、「少し席を詰めてください」と言っただけで殴ったり、少し足を踏まれただけで相手を殴り殺したりする。あるいは気にくわないというだけで、すぐに激怒《げきど》して人をナイフで刺したり、金属バットで殴る。まさに、ものの分別ができない乳幼児が癇癪を起こしているのと同じ行動です。

こういう行動は、基本的な愛情に欠けていることの表れで、これを愛情飢餓といいます。赤ちゃんは泣いても泣いてもおっぱいをもらえないとき、つまり期待した答えが与えられないままでいると、ベビーベッドに頭をガンガンとぶつけるようになります。それと同じで、愛情に満たされていないと、人は、大人になっても攻撃的になります。

最近、頻繁《ひんぱん》に起こる事件には攻撃性が多く含まれています。それは、こうした基本的な信頼関係、つまり〝心の基礎工事〟ができていないことが背後にあると考えてよいと思います。

非言語的な交流を大切にする

子どもが体を使って訴える場合には、その訴えの本当の意味は何であるか、という見方・考え方が大切です。これを非言語的交流といいます。

さまざまな形で訴えてくる子どもたちの、声の調子、顔の表情、姿勢、ジェスチャーなど、非言語的交流のポイントはいくつかありますが、その中でも〝アイ・コンタクト〟は特に重要です。

今日、子どもの育て方が分からないお母さん方が増えています。

「どうして、うちの子どもは訳の分からないことばかり言って泣くのですか？」

「なぜ私に乱暴するのですか？」

「私はこれから、どのようにして子どもに接していけばよいのでしょうか？」

こういうご相談をよく受けます。この場合、心療内科の先生はこうおっしゃいます。

「一日に五回か六回は、優しいまなざしで子どもを見つめてやってください。特に言葉をかける必要はありません。時間があったら優しいまなざしで子どもを見つめてください。それだけでいいですから」

何度も口で「愛しているよ」と言うよりも、優しいまなざしで子どもを見てやる、つまり、相手に対する愛情を、優しいまなざしという形で表すことが大切なのです。子どもは、知識コミュニケーションをやめたお母さんの優しい表情を見ていると、「自分は愛されているんだな」という気持ちになります。

赤ちゃんが生まれたとき、スキンシップも含めてお母さんと最初に行うコンタクト、つまり接触は、目と目です。赤ちゃんは近眼だそうです。遠くは見えません。三十センチから四十センチぐらいの、ちょうどお母さんの顔を見ながらおっぱいを飲む距離が最もよく見えるのです。神様はそのように人間をつくられたのです。

このことからも分かるとおり、生まれたばかりの赤ちゃんは目と目でコミュニケーションをします。また認知症の老人も、言葉より、やはり目と目のコミュニケーションが必要です。ほほ笑みをともなったうなずき、さらには相手の気持ちを分かろうとする表情と一緒に、アイ・コンタクトをとおして〝相手の気持ちを目で感じる〟ことです。

私たち日本人は「あなたは大事な人間だ」ということを、なかなか言葉では表現しません。特に「夫婦間でアイ・ラブ・ユーを増やしましょう」などと言われても、「そんなことは言わなくとも、お互いに分かっている」と言って、とても照れくさくてできません。

しかし、定年を迎えて二十四時間、夫婦一緒に過ごすとなると、それまでと同じにはいきません。毎日が日曜日ですから、奥さんとどのように過ごそうかと考えます。最初の一か月くらいは、「ケーキ買ってきたよ!」とか、「海外旅行へ行こう」などといって間が持ちます。しかし、四年、五年となりますと、そうもいきません。

「温泉にでも行こうか?」と言っても、「あなたとなんか行きたくありませんよ」と言われてしまう。このとき、「何を言っているんだ、おまえは!」と言い返してしまうと、売り言葉に買い言葉となって、けんかのはじまりです。

こういうときに大事なことは、「優しいまなざしで見つめる」ことなのです。

たとえば、使用後のおトイレの水を流し忘れていても、優しいまなざしで〝あっ、また忘れている〟と思って流してあげるとか、洗濯物がちらかしてあってカゴに入っていなくても、〝あなたもだいぶ忘れものが多くなったのね。私もそうよ〟と、優しく見つめてあげるという非言語的なコミュニケーションを大切にしたいものです。

時にはどうしても受け入れがたいことがあるかと思います。そういうときは言葉で返すよりも、少し頭をかしげて「さあ、それは……」と言うぐらいがよいのではないでしょうか。

六、ストローク経済の法則

〝ストローク銀行〟の預金高を増やす

ストローク経済の法則というものがあります（図①参照）。図のように、バケツのようなものが自分の心だと考えると、プラスのストロークで心がいっぱいになっている場合は、生き生きとした気分になり、相手にもよいストロークを与えることができる、つまり相手を受け入れることができます。

逆にプラスのストロークが三分の一くらいの蓄《たくわ》えしかないと、うつ的な気分になります。この場合、生命エネルギーが低下していますから、自分のことで精いっぱいです。むしろだれかに慰《なぐさ》めてもらいたい、私を認めてほしいという状態です。人に優しい言葉などかける余裕がありません。ですからこの場合は、体に休息を与えて調子を整える必要があります。

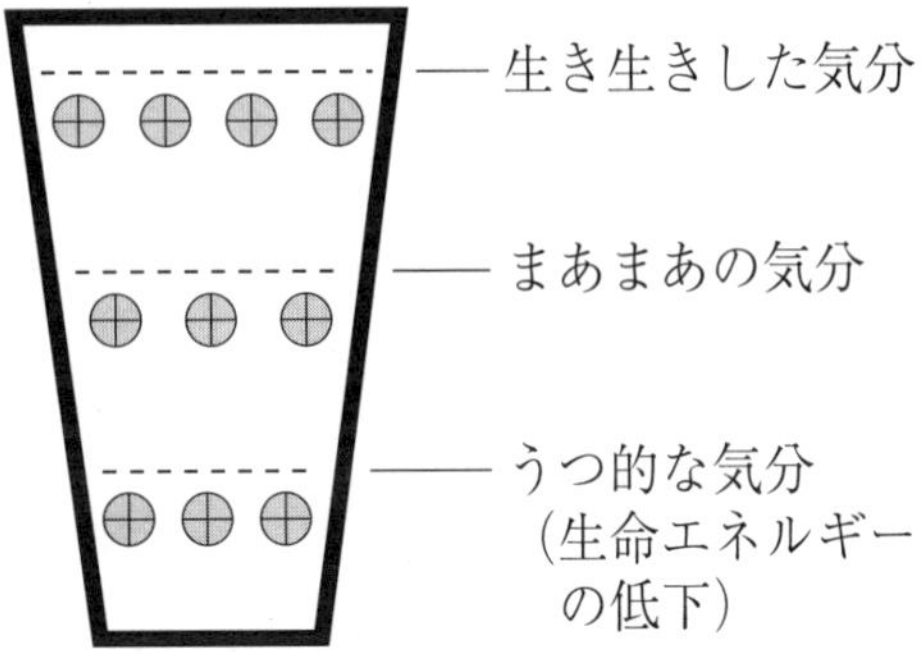

（図①）

そして、まああの気分のときは、半分ぐらいプラスのストロークが貯《た》まっているときです。それでも、人に優しい言葉を心からかけることはなかなかできないと思います。このバケツを銀行にたとえるならば〝ストローク銀行〟ともいえますが、私たちはこの銀行の預金高を増やしておくことがとても大事です。

心療内科の先生方でも、多くの患者さんと接していますと、プラスのストロークを与える量が多いのでくたびれてしまうことがあります。ですから、いろいろな方法でエネルギーを補給します。心の糧《かて》になるような話を聞くとか、感動したり癒《いや》される本を読んだり、あるいは仏典とか聖書を読む、さらにはより人格的に優れた方々と交流をします。

こうしたエネルギーの交わりをすることによって得られるアドバイスや勇気づけられる言葉、人格的な感化《かんか》などによって、意図的《いとてき》に自分のプラスのストロークの貯金高を増やすようにすることが大切なのです。このようにしながら自分の中に愛情を取り入れて、患者さんに生き生きと接するようにします。

プラスのストロークを相手に与えるというのは、自分の心に半分以上の精神的な安定したエネルギーが蓄えられていなければできないようです。

預金量が多いと影響力も大きい

そして、プラスのストロークの貯蓄量が多ければ多いほど、相手や周囲に対して大きな影響を与えます。たとえば、夫婦の仲がとてもよい家庭では、親の心にストロークの預金が多いので、親はお子さんに対して優しいまなざしで接することができます。

では、プラスのストロークの預金高を増やすためには、どうすればよいのでしょうか。まず自分からプラスのストロークを出して、相手や周囲に与えていくことです。身近な人に対してプラスのストロークを与えてみてください。プラスのストロークを与えると、必ず相手からも同じプラスのストロークが戻ってきます。そうすると、ご自身の預金高はずっと増えてきます。

たとえば、ご夫婦が共に健在であれば、次のような練習ができます。

ご主人であれば、一日、奥さんになったつもりで奥さんの気持ちになってみます。奥さんであれば、一日、ご主人になったつもりで考えてみるのです。そして、〝私と一緒に人生を歩んできたが、どのような気持ちできたのだろうか〟と、心の中で奥さんになって、あるいはご主人になってイメージを描き出してみるのです。そして、感じたことを相手に伝えてみるのです。

また、〃妻が私にいちばん言いたいことは何だろうか〃とか、あるいは〃夫が私にいちばん言いたがっていることは何だろうか〃と、心に思いついたことを直接相手に聞いてみると、よいプラスのコミュニケーションができてくるのです。

仮に、私がこの練習をすると、たぶん妻は「いつも立派なことばかり言っているけれども、あなたはそれを実行しているの?」などと言うでしょう。そこで、「実行することは、言うことと違ってなかなか難しいものだね」という具合に話が進むでしょう。

七、包み込む心——まとめに代えて

以上、「ストローク」ということの大切さを考えてきました。ストロークとは、言葉や目つき、ジェスチャーなどによる刺激のことで、相手や周囲に対する働きかけのことです。プラスのストロークは「あなたはかけがえのない大切な人間です。条件は何もつけません。あなたの存在そのものが大事なのです」というメッセージを、いろいろな形で相手に与えることです。

マイナスのストロークというのは、たとえば「ダメだね」「またやったのか?」「何やってもダメだな」など、それをもらうと嫌な気持ちになるものです。さらには「おまえには何もいいところがない」「生まれてこないほうがよかった」など、心を傷つけたり、存在そのものを否定するような言葉なども含みます。

条件つきのストロークは、こちらを喜ばせる限り、愛してあげるといった条件つきの刺激でした。これは何かをしたら相手に賞罰を与えて、その期待される行動が自発的になされるようにするB・F・スキナーのオペラント（自発的）条件づけ（報酬学習）によるもので、行動主義心理学の基盤となっています。これは「一生懸命に勉強したら、お小遣いをあげるよ」「一生懸命に勉強をしたら〇〇してあげるよ」ということにつながります。

実はこの条件つきのストロークで、現在の世の中は動いています。一生懸命に働いた人は報酬が増えるし、一生懸命に勉強した人は点数が上がります。基本的にはそのとおりですが、心は満たされないのです。まして、何かに悩んでいる人や心が病んでいたりする人に対しては、この条件つきのストロークでは心を癒すことができません。これには無条件のストロークを与え続けることによって、少しずつ癒していく以外にありません。

無条件のストロークとは、相手の価値に依存《いぞん》しないプラスのストロークです。相手の人格そのものに対して与えられる愛です。現代人は、みんな心が疲れていますから、すべての人にこうしたストロークが必要だといえるでしょう。

最後に、愛というものを実践すると、相手がどのように変わっていくかをご紹介しましょう。

無条件のストロークこそ本当の愛であると述べましたが、無条件のストロークのポイントは、相手に〝位置〟を与えて包み込む気持ちです。反抗期の子どもであれば、その子どもに対して〝位置〟を与え、つまり、「話してごらん。あなたはそう思うんだね。なるほど、そうなんだね」と子どもの話に耳を傾け、そして包み込む気持ちが必要です。子どもに〝位置〟を与えて包み込むと、子どもの中でプラスとマイナスが整い、それぞれが「統合《とうごう》」されてよい状態へと変化します。

しかし最近は、プラスとマイナスが統合されていない人が非常に増えています。たとえば、家では親を殴るような若者が学校ではよい子で知られているとか、社会的に見てまじめに仕事をしている大人が、家へ帰ると奥さんに対してひどい扱いをするということがそれです。そのほか、社会的に立派な地位にある人が人間性を疑われるようなことをしている事件がいくつもあります。

こうしたことを考えますと、人間性のうえで統合がとれていない人が多くなってきていることが分かります。自分の中の「よい私」と「悪い私」の統合がとれていないのです。なぜでしょうか。それは愛によって包み込まれて、みずからの心が安定するという体験がなかったからではないでしょうか。体は大人になっても、心は愛に包まれてしっかりと育つ、ということがなかったといえるでしょう。

カウンセリングでは、さまざまな問題を持っている人の話を聞き、その人に〝位置〟を与え、より大きなもので包み込むという努力をできる限りしてまいります。すると、その人の中のよい部分が悪い部分を包み込んで、全体としてよいという形で統合されていくことがよく分かります。

統合がとれる体験というのは、ありのままの自分を認められながら、そこに自分の〝位置〟を与えられ、そして、より大きなもので包み込まれたときに、「ああ、私は愛されている」と感じられることを言います。これはおそらく、子どもさんが成長する、あるいは青年たちが成長して本当の自分を築いていくというプロセスをたどっていることではないかと思われます。それを導いていくのがカウンセリングです。

そのためには、愛によって相手の憎しみや嫌な面を包み込むことです。条件をつけずに、そっくりそのまま相手を受け入れると、完全ではなくとも相手の心の中は大きな形で統合されます。すると「何か大きな変化が起きた」という体験を目の当《まあ》たりにされるに違いありません。

皆様もカウンセリングの心というものに関心を持っていただき、身近なところから少しずつ実行してみてくださることを、心から願っています。

杉田 峰康（すぎた・みねやす）

1933年東京生まれ。臨床心理学者。米国ルーテル大学卒業（キリスト教学）、コンコルディア大学卒業（心理学）、イリノイ大学大学院修了（ケースワーク）。九州大学医学部心療内科助手、講師を経て、活水女子大学文学部教授、福岡県立大学人間社会学部教授、同大学院教授を歴任。現在、福岡県立大学名誉教授（同大学院講師）、九州大学医学部心療内科講師。その他、日本心身医学会評議員、国際心身医学会会員、日本交流分析学会常任理事、ＴＡネットワーク理事。著書に『交流分析のすすめ』（日本文化科学社）、『人生ドラマの自己分析』（創元社）、『交流分析と心身症』（医歯薬出版）など多数。

●生涯学習ブックレット

人を育てる「愛のストローク」

――無条件のふれあいで子どもは変わる

平成14年５月１日　初版第１刷発行
平成26年７月25日　　　第５刷発行

著　者　杉田 峰康

発　行　公益財団法人 モラロジー研究所
〒277-8654　千葉県柏市光ヶ丘2-1-1
TEL. 04-7173-3155（出版部）
http://www.moralogy.jp/

発　売　学校法人 廣池学園事業部
〒277-8686 千葉県柏市光ヶ丘2-1-1
TEL. 04-7173-3158

印　刷　株式会社 長正社

ISBN978-4-89639-060-5